AF262344

LE
BULLETIN BLANC

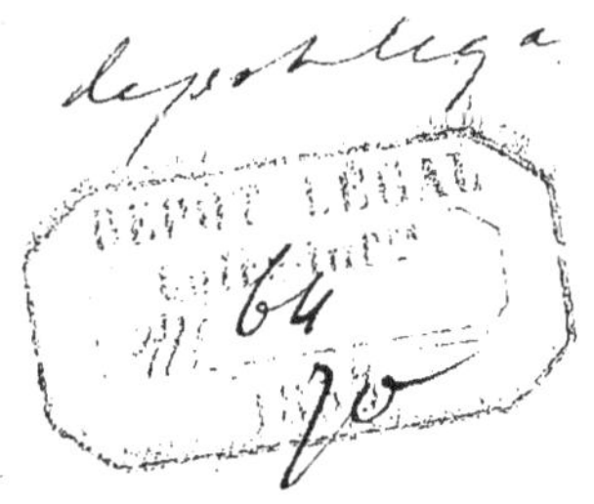

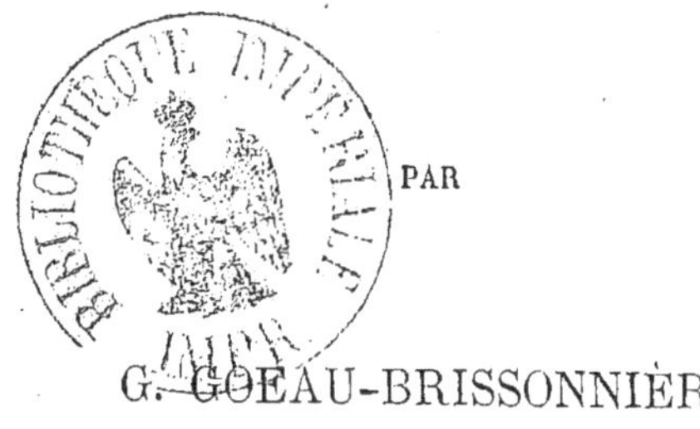

PAR

G. GOEAU-BRISSONNIÈRE

AVOCAT

NANTES

IMPRIMERIE VINCENT FOREST ET ÉMILE GRIMAUD

4, place du Commerce

1870

LE BULLETIN BLANC

Loublande (Deux-Sèvres), ce 17 avril 1870.

Monsieur le Rédacteur,

Je me permets de vous adresser quelques réflexions sur la situation présente, vous laissant bien volontiers juge du cas que vous en pourrez faire.

Au moment où le Corps législatif vient de se placer lui-même un bâillon sur la bouche, la presse reste le véritable et seul représentant de la nation pendant la période solennelle et inquiétante que nous traversons.

Or, nous touchons à l'heure du plébiscite, et c'est à peine si l'on a commencé à discuter la conduite à suivre devant le scrutin. Il est, je crois, indispensable d'arriver à une entente sur ce point important entre tous les honnêtes gens, entre les hommes d'ordre à la fois et de liberté.

Qu'allons-nous faire? C'est ce que j'entends répéter par tout le monde autour de moi. Les perplexités sont grandes et l'on craint surtout d'agir de telle sorte que le gouvernement personnel en tire argument en sa faveur. Le principal serait donc, je crois, d'adopter une ligne de conduite unique, dont le sens serait expliqué et admis d'avance, de telle sorte qu'il soit impossible d'accuser d'avoir voté pour l'autocratie ou pour la démogagie ceux dont ce n'a point été l'intention.

Je viens donc bien humblement vous proposer un plan qui, si vous vouliez en prendre la direction, serait facilement adopté, et pour lequel je puis vous promettre dans nos contrées de nombreuses adhésions et de sérieuses influences.

Que ferons-nous? se demande-t-on, et il est bien à craindre que, ne sachant comment agir, beaucoup s'abstiennent. S'abstenir, en toutes choses, et en politique plus qu'en toute autre chose, c'est un parti facile à prendre. Comme cela, point de raisons à peser, point de parti à prendre, point de responsabilité, point de dérangement; on s'endort d'un sommeil égoïste et on est tout étonné un jour de s'éveiller d'un terrible réveil.

Allons donc au scrutin! mais allons-y munis d'un *bulletin blanc*. Ne portons ni un oui, ni un non.

Le piége est habilement tendu. Dire *non*, c'est dire non à la mort (en effigie tout au moins) du pouvoir personnel, c'est dire non au gouvernement parlementaire, non à la responsabilité ministérielle, non à toutes les restitutions que le dictateur de 1852 a été contraint de faire au peuple. Si les *non* étaient par impossible en majorité, ce serait la révolution et personne n'en veut.

Dire *oui*, c'est dire oui au maintien du Sénat dans les absurdes conditions où il est établi, c'est dire oui à une constitution inamovible, oui au plébiscite en permanence, oui au 2 décembre! Est-ce que nous ferons cela? Une constitution inamovible! On ne doit proclamer inamovible que ce qui est parfait : qui oserait jamais prétendre avoir fait une constitution parfaite? et comment affirmer que ce qui semble bon aujourd'hui le sera demain? Avec le règne du plébiscite on nous met cependant dans l'impossibilité de rien changer à cette constitution sans une révolution ou un coup d'État. De toute façon, la liberté est sacrifiée, la réaction triomphe, réaction qui nous ramène à 1852 ou à 1793.

Et c'est en face de ce péril qu'on s'abstiendrait!

Portons un *bulletin blanc* au scrutin, mais, qu'on le sache bien, nous ne disons pas *non* par respect pour l'ordre social, nous ne disons pas *oui* par amour pour la liberté.

Disons avec M. Ollivier : « Ni réaction, ni révolution, » mais montrons-lui que nous entendons la liberté à la façon de M. Daru et de

M. Buffet, et non à la façon de celui qui, du banc des Cinq, a fait tout le chemin que l'on sait.

Agréez, Monsieur le Rédacteur, pour vous et pour l'œuvre que vous avez entreprise , l'assurance de mes plus profondes sympathies.

G. GOEAU-BRISSONNIÈRE,
Avocat.

Cette lettre a été reproduite par la *Gazette de l'Ouest* du 20 avril.

C'est pour assurer le triomphe du système du *Bulletin blanc* que j'ai entrepris d'écrire ces quelques pages.

Un terrain neutre.

Il est véritablement triste, après tant de révolutions, tant d'expériences, tant de sang versé, tant d'épreuves de toutes sortes, alors que les idées de liberté sont si profondément enracinées dans notre sol de France, que ceux mêmes qui les aiment le moins sont obligés de s'en parer comme d'un masque pour se rendre encore acceptables , il est affligeant, disons-nous, de n'être parvenu à établir qu'un édifice tellement peu solide que l'on craigne à chaque instant de le voir renversé. Il est au milieu de nous deux classes de gens également acharnés contre tout progrès durable et sérieux; les uns, ennemis de toute autorité, les autres , plats adulateurs de tout pouvoir, les uns et les autres soucieux de leur seul intérêt personnel, et poursuivant un même but par des moyens différents, tout prêts, du reste, à changer de tactique suivant les circonstances et l'occasion. Les premiers s'appuient sur ce qu'on a pris la malheureuse habitude d'appeler *le peuple,* c'est-à-dire sur cette masse turbulente , prompte aux émotions , d'autant plus avide de jouissances qu'elle en est plus privée, à qui la religion n'a appris ni à dompter ses passions, ni à voir dans les misères d'ici-bas la compensation des félicités éternelles. Sur cette classe, il est un moyen d'action infaillible: opposer à son dénûment le luxe trop souvent insolent des riches, à son humilité leur grandeur, à ses privations leur superflu. Les autres servent un maître plus facile à satisfaire : il suffit de lui répéter que tout est bien, que tout prospère, que tout est content; qu'il a sauvé l'ordre social et qu'il le sauve tous les jours; qu'en mangeant, dormant, fumant ses cigarettes et donnant des fêtes, il ne fait autre chose que sauver l'ordre social. Et puis, comme la marotte du pouvoir, quel qu'il soit, est de se croire infaillible, comme rien n'est désagréable comme un contrôle, le meilleur, et peut-être le seul moyen de rester bien en cour, c'est de soutenir, d'exciter, d'exagérer toutes les idées autoritaires qui germent dans la tête du souverain.

L'insuccès de tous les tiers-parti tient à ce que, amis plus dévoués, ils ont voulu lui montrer la vérité.

Au milieu de ces deux courants, nous essayons de fonder solidement la liberté, tandis que les démagogues la compromettent par leurs élans désordonnés, et que les réactionnaires l'étouffent sous l'effort d'une aveugle résistance.

Faudra-t-il donc nous déclarer vaincus, faudra-t-il rendre les armes à un Rochefort ou à un Cassagnac ? Faudra-t-il subir cette honte, succomber à ce danger, quand nous sommes *la majorité !*

Oui, la majorité; et, grâce à Dieu, immense majorité. Regardons autour de nous, et, sauf dans les rangs d'une administration courbée depuis tantôt vingt ans sous un régime avilissant, où verrons-nous des autoritaires ? Sauf dans la partie dépravée de la classe ouvrière, et dans ses meneurs intéressés, où trouverons-nous des socialistes ?

Et pourtant, les gens attachés tout à la fois à l'ordre et à la liberté, quoique supérieurs en nombre, ont toujours eu le dessous.

Ils sont faibles !

La cause de cette faiblesse, la plus triste, hélas ! et en même temps la plus incurable, est le résultat des luttes civiles qui ont souillé notre propre pays depuis la fin du siècle dernier; les opinions sont loin d'être passées, chez nous, à l'état platonique; nous n'avons pas des *wighs* et des *torys :* nous avons des légitimistes, des orléanistes, des républicains et démocrates de toutes sortes, quelques impérialistes enragés, et beaucoup qui désirent le maintien de l'empire comme étant l'ordre de choses établi. Le souvenir du mal fait par chacun de ces partis à tous les autres est récent, bien des plaies sont à peine fermées. Les adversaires sont encore presque des ennemis, et l'on répugne à faire alliance avec un ennemi.

Une grande infériorité des honnêtes gens, c'est encore leur pusillanimité. Sans doute, si tous se levaient en même temps, ils seraient courageux comme des lions. Voyez ce qu'a fait autrefois la Vendée! Mais c'est à qui ne se mettra pas en avant. Ce n'est point un reproche; il est naturel aux hommes de paix d'éviter la lutte et le bruit; mais il ne faut pas que cette répugnance aille jusqu'à la lâcheté; il ne faut pas se dire : « Je serai peut-être seul. » Ne regardez pas en arrière, marchez résolûment, vous serez toujours suivi!

Enfin, de nombreux obstacles à l'union des hommes de tous les partis ayant certaine communauté d'idées sont venus de la part des gouvernants. La centralisation excessive, les entraves à la liberté d'association et de réunion, l'exclusion systématique pour les fonctions publiques de tous autres que les impérialistes du premier degré leur ont été de puissants auxiliaires dans cette tâche; ils savaient bien que ce qui faisait la force de ce pouvoir absorbant, si impopulaire, et dont ils étaient pourtant si jaloux, c'était uniquement le défaut d'entente entre les partis. Ainsi, quand, malgré tout, par suite de cette merveilleuse puissance, qui fait que toujours la vérité triomphera, l'entente s'est faite peu à peu quand le mot de *liberté*, que les amendes et la prison n'avaient pu effacer de notre langue, est devenu un drapeau commun que nous suivons tous avec fierté; ce pouvoir qui s'élevait comme un roc inébranlable s'est écroulé sans secousse, comme poussé par une main d'enfant.

De ces divers obstacles, le plus insurmontable, nous l'avons dit, parce qu'il honore ceux qu'il retient, ce sont les divergences dans les opinions religieuses et politiques. Honte à celui qui renie sa foi! il n'est pas des nôtres; qu'il aille rejoindre les vendus au camp de la réaction!

Mais *sans abandonner les principes*, et dans toutes les choses qui leur sont *étrangères,* une entente n'est-elle pas passible, n'est-elle pas désirable? Assurément rien n'est plus désirable; rien de plus heureux que lorsque nous pouvons rencontrer un terrain neutre sur lequel des adversaires qui s'estiment peuvent se tendre la main sans arrière-pensée. C'est alors que leur force est irrésistible. C'est alors qu'ils représentent l'opinion publique, qu'ils peuvent imposer leur volonté. O gouvernants, pourquoi vous troublez-vous? n'ayez crainte et laissez-les faire, car ce sont les hommes d'ordre et de liberté.

La liberté! voilà ce terrain neutre dont nous voulions parler; vous tous qui l'aimez, restez unis le plus souvent possible et vous verrez son triomphe.

C'est dans les élections aux différents corps représentatifs que cette union est précieuse et peut se produire souvent sans que personne soit obligé de faire le sacrifice de ses convictions. Il ne s'agit point, en effet, de choisir une forme de gouvernement ou le chef du pouvoir; tout se résume à faire choix d'hommes consciencieux, éclairés, indépendants, à quelque parti qu'ils appartiennent. Aussi l'union libérale, quoi qu'on ait dit contre elle parce qu'on n'en comprenait pas le but, ou qu'on n'en voyait pas les limites, a-t-elle fait d'excellentes élections, et nous serions bien ingrats si nous oubliions celle du regretté M. Lanjuinais.

Aujourd'hui, il s'agit du plébiscite. L'occasion est encore meilleure pour une entente : ici, point de personne en jeu, dont les opinions, les écrits, les tendances puissent éloigner certaines consciences. Un principe seulement est en question. Nous croyons pouvoir démontrer que ce principe, c'est l'existence même de la liberté.

Notre but est de rechercher le moyen d'empêcher que cette existence ne soit compromise, après avoir vu par quelle suite de circonstances nous voici obligés de nous lever personnellement pour la défense de ce grand principe.

Ce ne sera qu'une ébauche bien imparfaite. Il faut que ces quelques pages paraissent vite; le gouvernement craignant tant l'accord, qu'il a caché jusqu'au dernier jour la formule sur laquelle nous serions appelés à voter.

L'Empire libéral.

Voilà longtemps déjà que l'on a commencé d'accoupler ces deux mots : ils n'y ont pas l'air encore habitué, et vraiment ni nous non plus.

En dépit des ornements que l'on veut mettre à la chose, le mot empire rappellera toujours trop le 18 brumaire et le 2 décembre. Les Napoléon n'ont jamais guère été libéraux qu'à l'île d'Elbe et à la forteresse de Ham.

C'était donc en vain que les flatteurs proclamaient Napoléon III l'homme le plus libéral de l'empire; en vain que celui-ci se berçait de cette illusion et du doux espoir qu'elle était partagée.

Cependant, à force de couronner l'édifice, il était bien évident que l'empereur y avait fait quelques brèches, et il était permis d'espérer que la liberté arriverait en fin de compte à entrer par là triomphante. Il y a quelques semaines à peine (hélas! que les temps sont changés!) beaucoup de bons esprits commençaient à croire à l'empire libéral et rien ne les eût empêchés de s'y rallier.

On avait si grand besoin de croire un peu aux bonnes intentions, à la sincérité du pouvoir après tant de déceptions, d'abaissement, de dégoûts, après avoir subi les conséquences de tant de fautes de l'empire autoritaire !

Ces fautes, est-il besoin de les rappeler? Pas une que l'on n'eût pu éviter, pas une qui n'ait été signalée au gouvernement à temps pour qu'il s'arrêtât..... et ceux qui donnaient ces salutaires avertissements étaient les ennemis de l'Etat, on appelait sur eux la sévérité des lois; pas une qui n'ait été reprochée ensuite à ce même gouvernement afin de lui prouver qu'il eût à écouter une autre fois la voix des gens éclairés, et comme on étouffe un remords, on éteignait ces voix sous l'omnipotence des préfets. Elles sont devenues si nombreuses ces fautes, que M. Thiers a pu s'écrier : « Il n'en reste pas une à commettre. »

Deux cent mille jeunes gens, choisis parmi les plus forts et les plus beaux de la France, étaient allés, arrachés à l'amour de leurs mères, laisser leurs corps sur le champ de bataille, dans le seul but d'occuper l'opinion publique et de la détourner des affaires intérieures.

Les uns étaient morts pour arrêter le flot menaçant des Cosaques prêts à anéantir la civilisation comme autrefois ces hommes du Nord précipités sur l'empire romain, et voici que Sébastopol relève ses murs, que la Russie, plus puissante que jamais, s'appuie d'un bras sur la Prusse agrandie et de l'autre sur les Etats-Unis qui, un jour, solidement reconstitués, seront un danger permanent pour l'Europe.

Les autres avaient versé leur sang sur le sol de la poétique Italie, où il devait faire refleurir la liberté, et aujourd'hui la Sicile est asservie sous le joug de la Savoie, les grands duchés plient sous le même maître et la majeure partie des Etats du Pape a été violemment arrachée au plus doux des pouvoirs.

Toutes enfin sont allés établir sur une rive lointaine un

trône éphémère, et quand le danger a menacé la tête du prince sur laquelle nous avions posé presque de force une couronne, non seulement nous n'avons pas soutenu ce prince, nous l'avons abandonné, mais nous n'avons pas voulu lui donner asile sur nos vaisseaux pour la fuite à laquelle il se résignait ; et à peine nos voiles étaient-elles enflées sous le souffle du retour, qu'il tombait lui, vendu et assassiné, et sa jeune femme, obsédée par des rêves de sang, traîne dans la folie les restes d'une misérable vie ; elle mourra en nous maudissant. C'est plus qu'une faute, cela, c'est une honte.

C'est une honte aussi que l'abandon de cet autre protégé de la France, le vénérable Pie IX, le saint vieillard qui par son inébranlable fermeté jointe à une inaltérable douceur, fait l'admiration du monde entier. Cette honte pesait tellement sur la France qu'elle a cherché à s'en laver ; Mentana n'y a pas suffi. Le jour de la réparation sera le jour où l'intégrité de ses Etats sera rendue à l'Eglise.

Après une telle énumération, est-il nécessaire de parler de la dette augmentant par *milliards,* du budget arrivé au chiffre fantastique de *deux milliards*, des folies prodiguées pour la ville de Paris, de telle sorte que lorsqu'on voit miroiter ces sommes fabuleuses, on se demande si on l'a pavée d'or ?

Je m'arrête. En voulant parler de l'Empire libéral, je m'aperçois que je me suis laissé entraîner à parler beaucoup plus de l'Empire autoritaire.

Il a duré le plus longtemps et a grande envie de revenir. Le bilan de l'Empire *dit* libéral sera facile à faire : signalons-en les principales étapes.

On se souvient de ce qu'étaient les séances du premier Corps législatif qu'a eu la France sous l'Empire : *cinq* malheureux députés se débattant sous les interruptions de la Chambre et les rappels à l'ordre du président. Le Corps législatif ne prit vraiment un peu de vie que lorsque l'empereur, dans sa haute libéralité, lui permit de répondre au discours qu'il voulait bien lui adresser tous les ans. La discussion de l'*adresse*, animée par la question romaine, permit aux caractères de se montrer et de se former ; ce fut certainement là le berceau du tiers-parti, dont les idées devaient avoir beaucoup plus d'influence que celles d'une opposition désespérée.

Il est vrai que l'empereur ne tarda pas à sentir le besoin de reprendre son monologue, et si nous voulons compter la concession du droit d'interpellation à la Chambre comme une étape de l'Empire libéral, il faut bien avouer que cette concession était tout au moins fortement mitigée par le retrait du droit d'adresse.

Mais l'opinion publique est toujours la plus forte (l'empereur ne peut le nier), bon gré mal gré, quelque répugnance qu'on eût toujours manifestée pour le régime parlementaire, il fallut arriver à déclarer le ministère *homogène* et *solidaire*, et enfin faire rétablir par le Sénat la *responsabilité ministérielle*, la nécessité à l'avenir d'une loi pour modifier les traités de commerce, le droit pour le Corps législatif de faire son règlement et de nommer son bureau.

C'étaient là d'importantes restitutions et pourtant l'opinion publique restait défiante, plus défiante que jamais. C'est qu'en effet, si ce sont les institutions qui font les mœurs, ce sont avant tout les hommes chargés d'appliquer les institutions qui les font ce qu'elles sont. Comment croire qu'un Rouher et un Forcade La Roquette ne trouveraient pas moyen d'employer les institutions les plus libérales à perdre la liberté ?

Enfin, un immense cri de soulagement retentit en France le 2 janvier 1870, quand les noms des nouveaux ministres furent connus.

Nous allons voir comment ceux-ci remplirent l'espérance qu'on avait mise en eux.

Le ministère du 2 janvier.

Chacun se rappelle combien fut long et pénible l'enfantement de ce ministère.

Depuis longtemps l'opinion réclamait des *hommes nouveaux*, l'opinion désignait ces hommes et demandait avec énergie qu'ils fussent pris dans le groupe du centre gauche et parmi les plus avancés du centre droit. Aussi, lorsque parut la lettre de l'empereur à M. Ollivier, l'inquiétude fut grande ; l'empereur demandait au député de former un ministère pris parmi la majorité de la Chambre. Or, très-certainement le centre gauche ne formait pas la majorité. Le groupe des 116 était un groupe complétement factice, composé à dessein des éléments les plus hétérogènes dans le but d'affaiblir le centre gauche. On peut voir à quoi est réduit celui-ci dans toute sa pureté.

Dans la forme, la lettre de l'empereur était parfaitement celle d'un souverain sous le régime parlementaire, mais au fond il n'en était rien. En effet, le ministère ne doit être choisi parmi la majorité de la Chambre que lorsque celle-ci représente la majorité du pays ; sinon, c'est la Chambre qu'il faut dissoudre. Tel est un des rouages principaux du régime parlementaire. La Chambre nouvelle, élue comme les précédentes sous la pression administrative, ne pouvait pas, ou du moins pouvait ne pas représenter la majorité du pays. De fait, le pays était et est encore en grande majorité *centre gauche*, j'entends par là attaché tout à la fois sérieusement, sincèrement à l'ordre et à la liberté.

Que de démarches fit ce pauvre M. Ollivier, que de peines il se donna ! Il s'en était bien donné déjà. On l'avait vu avec une admirable résignation brûler ce qu'il avait adoré ; il s'était soumis à entendre de cruelles vérités, et, quand il touchait le but de la main, il lui fallait entreprendre de nouveaux travaux. Aussi à quelle porte n'est-il pas allé frapper, quels replâtrages, quelles combinaisons plus extravagantes les unes que les autres n'a-t-il pas adoptées ? Le public riait, mais aussi il était anxieux, car au fond de cette comédie c'était son sort que l'on jouait.

Enfin, une combinaison aboutit. Je serai bien à l'aise tout à l'heure pour parler des fautes du ministère, car personne peut-être n'a salué avec plus de joie son avènement. En vain, les méfiants disaient-ils qu'il fallait voir les ministres à l'œuvre, que le pouvoir a de singuliers enivrements dont les effets sont inattendus. Du reste, il faut bien le dire, les méfiants étaient peu nombreux et tout ce qui n'était pas systématiquement hostile à l'Empire se réjouissait.

Les nouveaux ministres étaient presque tous les hommes désignés à l'avance par l'opinion, et chez la plupart leur passé répondait de leur conduite à venir.

Le personnage qui donnait sans contredit le plus d'inquiétude, c'était M. Emile Ollivier. Le mot de la situation a été dit à ce moment par je ne sais plus quel journal : « Ce serait excellent si on avait un ministère Ollivier sans Ollivier. » Cet homme d'Etat (?) sans consistance, lancé dans la vie publique comme commissaire de la République, connu par ses amitiés avancées, mis en lumière sur le banc des Cinq, le plus ferme soutien de la liberté illimitée de la presse, s'était séparé peu à peu de ses anciens amis et s'était rapproché du pouvoir, lui adressant les plus gracieuses avances et faisant volontiers litière de ses doctrines d'autrefois. Il semble qu'il n'ait fait jusque-là de l'opposition que pour donner plus de prix à ses services. A partir de ce moment, de même que l'aiguille aimantée se tourne toujours vers le pôle nord, de même M. Ollivier fixa constamment ses lunettes vers le bienheureux portefeuille, objet de son ambition. Quels regrets lui causera sa perte si l'on en juge par ce qu'il a fait pour l'obtenir, par ce qu'il fait pour le conserver! N'est-il pas allé jusqu'à accepter une combinaison, dans laquelle figurait M. Forcade La Roquette auprès de M. Gaudin! M. Gaudin qui, sur un signe du maître, change l'habit de conseiller d'Etat pour l'habit du député, tout prêt à accepter au besoin la défroque d'un receveur quelconque ou quelque autre de ces compensations que l'on tient en réserve pour les candidats bouche-trou, leur office terminé.

Près de M. Ollivier, nous devions trouver M. Maurice Richard, le Nisus de cet Euryale. M. Maurice Richard, aussi illustre que peu connu jusqu'à ce jour, avait passé sa vie à faire de l'opposition à l'eau de rose et à tresser des couronnes au grand Emile. Le grand Emile ministre, il ne pouvait pas ne pas l'être. Mais il n'y a pas de portefeuille? On en fabriquera un, tout neuf, petit, gentil, léger, d'autant plus facile à porter que M. le ministre l'aura toujours vide sous le bras : cela s'appellera le ministère des Beaux-Arts. Et le maréchal Vaillant? Mais ne lui reste-t-il pas la maison de l'empereur ; il n'avait rien à faire jadis : on lui laisse encore la moitié de sa besogne. Il y a bien encore par là M. de Nieuwerkerke ; le pauvre homme perdra son beau titre de surintendant et sera réduit à épousseter les toiles et les marbres des musées impériaux, mais il émargera, soyez-en certains. Tout ce tripotage coûtera bien quelques centaines de mille francs au budget. Mais pour faire plaisir à M. le garde des sceaux!....

Pauvres contribuables! une bonne moitié des impôts passe à payer les gens chargés de les recueillir ou d'assurer leur rentrée, puis viennent les gros traitements des gros personnages inutiles, puis il faut entretenir une armée inutile aussi puisque personne ne nous menace et que si l'on nous menaçait chacun saurait bien combattre pour ses foyers, puis il faut essayer d'assouvir les désirs insatiables de Paris, cette coquette qui refuse ses bonnes grâces à ceux qui ont cru faire le plus pour elle. — Le reste est employé au service réel du pays.

A l'intérieur était placé M. Chevandier de Valdrôme, très centre droit, fortement attaché au fond de l'âme aux candidatures officielles et aux préfets à poigne (il l'a bien montré depuis) ; mais il avait eu une heureuse influence sur l'attitude du groupe auquel il appartenait ; les hommes libéraux de la Chambre l'avaient porté à la vice-présidence, et vraiment il pouvait inspirer confiance à l'opinion.

MM. Segris et Louvet, quoique ayant subi la candidature officielle, étaient à peu près dans les mêmes conditions, et leur talent les désignait très-certainement pour faire partie du ministére, étant donnée la composition de la Chambre.

M. de Talhouët se détachait noblement sur le groupe de ses collègues ; il avait fait ses preuves de fidélité envers la liberté et avait versé son sang pour elle à la mairie du VIe arrondissement, en préservant un de ses collègues menacé par une des baïonnettes du Président. Depuis il avait fait quelques concessions à l'Empire autoritaire, mais sans rien abandonner de sa dignité et de son indépendance. Chacun se plaisait à reconnaître que c'était l'homme intègre par excellence, et son entrée aux affaires avait été vivement désirée. Aussi, à cause de cette intégrité bien connue, personne ne met-il en doute qu'aussitôt le vote sur la Constitution, il ne se retire de ce ministère en ruine *dont pas une pierre ne devait se détacher* sans en entraîner la destruction complète.

Mais les hommes réclamés le plus vivement par l'opinion publique, ceux qui devaient faire la force du cabinet et ceux aussi dont l'entrée y fut le plus difficile parce qu'ils n'étaient disposés à faire de concessions ni sur les hommes ni sur les choses, c'étaient MM. Buffet et Daru. Tous deux avaient souffert pour la liberté, aucun d'eux n'avait consenti à se mettre *du côté du manche* ; ils s'étaient silencieusement retirés emportant intactes leurs convictions comme un trésor ; ils auraient pu revenir plus vite en sacrifiant quelques parcelles de ce trésor : ils ont préféré attendre vingt ans et ils ont reparu aux yeux de la France pour lui faire part de ces richesses si précieusement conservées.

Je l'ai dit, le sentiment général était la joie et la confiance ; s'il y avait quelques ombres au tableau, on ne s'en inquiétait guère au milieu de cet ensemble tout rayonnant de promesses pour l'avenir, et M. Daru put dire avec fierté, aux applaudissements du Sénat et du pays tout entier : « Nous sommes d'honnêtes gens. »

Que sont devenues ces brillantes promesses ?

Comment en un plomb vil l'or pur s'est-il changé ?

MM. Buffet et Daru avaient très-certainement commis une imprudence ; ils s'étaient sans doute contentés de déclaratious trop vagues sur l'exécution du programme du centre gauche. Ils devaient pourtant savoir que ce programme serait difficilement accepté par le chef de l'Etat et que celui-ci imposerait facilement ses volontés à un homme de la trempe de M. Ollivier.

Quelles étaient les questions sur lesquelles l'opinion publique s'était le plus appesantie pour réclamer un ministère libéral ? C'étaient, d'abord la réforme électorale, puis la décentralisation. Ces deux questions formaient d'ailleurs la partie saillante du programme du centre gauche.

Et de fait, dans les conditions nouvelles, c'étaient deux réformes indispensables et qui devaient être immédiates. En effet, nous l'avons déjà fait remarquer, la Chambre pouvait tout au moins être suspectée de ne pas représenter la majorité du pays ; en tout cas, le ministère n'avait pas été pris dans le sein de la majorité de la Chambre. La situation n'était donc en rien conforme au régime parlementaire : il fallait ou que le ministère se retirât ou qu'il obtînt la dissolution de la Chambre. Or, à peine de tourner dans un cercle vicieux, on ne pouvait faire de nouvelles élections sous l'empire d'une loi électorale dont on connaît les déplorables résultats. Quant à la décentralisation, elle était nécessaire en elle-même et immédiatement nécessaire comme corollaire d'une bonne loi électorale.

Que firent nos ministres, cependant ? En trois mois, ils n'ont présenté qu'une loi ! la loi sur la presse, loi imparfaite, puisqu'elle soumet les délits de presse à un jury le plus souvent inintelligent et, d'autre part, soigneusement trié par l'administration ; incomplète, puisqu'elle fait une énumération limitative des délits soumis au jury. De loi électorale, il n'en a point été question ! De décentralisation, oh ! il en a été beaucoup question : on a même réuni une imposante commission, composée d'hommes compétents, estimés, éminents pour la plupart, et on leur a dit : « Préparez des lois, allez, vous avez le champ libre. » Comme c'étaient de nouvelles façons d'agir, bien différentes de ces airs d'autocrates que se donnaient les Billault et les Rouher ! Alors ces hommes se sont mis à l'œuvre ; ils se sont réunis chaque jour ; ils ont étudié ensemble, sous toutes ses faces, une question qu'ils avaient passé leur vie à étudier, et ils ont reconnu que la première condition d'une véritable décentralisation, c'était la nomination des maires par leurs administrés. Quelle explosion de colères, grand Dieu, dans les régions gouvernementales, et comme ces hommes, hier si choyés, n'étaient plus bons qu'à rester chez eux ! Mais vraiment aussi, de bonne foi, quand avait-on vu une commission assez extravagante pour n'être pas de l'avis de ceux qui l'avaient réunie. La patrie est encore une fois sauvée. Rassurez-vous, pères conscrits, ce n'est pas en vain que vous vous êtes écriés tout tremblants : « *Caveant consules !* » les consuls vous ont assuré qu'ils mourraient plutôt que de voir tomber un seul cheveu de la tête de nos maires.

Si le ministère se montrait peu pressé d'opérer des réréformes libérales, en revanche il prenait de temps à autre des airs qui rappelaient les plus beaux jours du régime soi-disant enterré. Au moment même où il venait d'être accordé que, à l'avenir, les traités de commerce seraient faits et les tarifs de douane réglés par le pouvoir législatif, voilà que, brusquement, sans avoir pris conseil de personne, on supprime les admissions temporaires *par un décret,* sans doute pour donner satisfaction aux protectionnistes. Il n'entre point dans notre plan de discuter un système et, du reste, nous avons de bonnes raisons pour ne point nous prononcer ; ce qui est certain, c'est qu'en économie politique, comme en toutes choses, il ne faut pas prendre pour la liberté un nivellement extérieur qui met en réalité les uns dans une position moins favorable que les autres ; mais s'il est un système qui, *dans son principe,* est frappant d'équité, c'est assurément celui des admissions temporaires, dont l'unique résultat est de donner un aliment plus considérable à l'industrie nationale. En tous cas, pourquoi se servir de la forme surannée du décret ?

A la tribune, quand Ollivier parlait, appuyé sur les acclamations bruyantes de la majorité, n'aurait-on pas cru entendre l'ombre du vice-empereur ? Comme il savait, au besoin, s'enfermer superbement dans un dédaigneux silence quand il était pressé par quelque questionneur téméraire ! Avec quel abandon il posait presque à tous propos la question de cabinet, comme une cuisinière mal apprise qui met sans cesse le *marché au poing* à sa maîtresse sur une question de rôti brûlé ! Qu'il était magnifique lorsqu'il disait : « Moi et mes amis ! » Forcade La Roquette lui-même n'eût pas mieux su envelopper d'heureux commentaires l'*activité dévorante* enjointe aux préfets.

Et pourtant le chemin était semé de fleurs pour le ministère. L'extrême droite avait bien rarement des velléités d'indépendance, et devant les votes *unanimes* de la chambre, on se demandait, étonné, où étaient les *irréconciliables !*

Malgré les fautes commises, rien n'était encore perdu

quand vint cette malheureuse question du *plébiscite* qui nous occupe aujourd'hui. M. Rouher en fut-il l'instigateur ? Toujours est-il que les journaux qu'il inspire lancèrent les premiers cette idée, en même temps, comme par un mot d'ordre. On dit que M. Daru s'y laissa prendre et se fit le champion du projet auprès de l'empereur. C'est regrettable, mais c'est possible. Qui n'a jamais commis d'erreurs? Du moins, M. Daru, lorsqu'il vit qu'on voulait faire du plébiscite un instrument de réaction, lorsque l'empereur eut repoussé toute mesure mettant un frein à un pouvoir exorbitant, M. Daru se laissa briser plutôt que de plier. M. Buffet, lui, en avait donné l'exemple. Nous espérons bien voir M. de Talhouët les suivre dans cette honorable retraite.

Aujourd'hui une nouvelle constitution est soumise au vote du peuple. Le devoir de tous est de s'éclairer et de prendre une décision sur la marche à suivre.

Le plébiscite.

M. Ollivier, dans son « *19 janvier,* » mettait en fait qu'un plébiscite est nécessairement une comédie. Très-probablement il ne pensait pas alors jouer si vite le rôle de *souffleur* dans cette comédie.

Le plébiscite est nécessairement une comédie : un grand nombre votent *oui*, parce qu'ils ne peuvent pas faire autrement; un plus grand nombre ne savent même pas pourquoi ni sur quoi ils votent. J'entends chaque jour les paysans répéter : « Qu'est-ce qu'on nous veut encore ? Il paraît qu'on va dire si on veut l'empereur ou bien la république. » Et l'on sait si nos paysans, très-démocrates au fond du cœur, ont une peur terrible de la république. La question se trouve ainsi posée (et c'est ce que veut le gouvernement) entre la réaction et l'anarchie. Le régime du plébiscite se comprendrait à la rigueur chez une petite nation, comme les cantons suisses, comme Athènes, comme Rome dans les premiers temps, ou encore chez une nation où tous les citoyens ont l'habitude de la politique, sont instruits sur leurs droits et sur le mécanisme gouvernemental. Mais en France ? Nous avons vu les classes ouvrières, sauf de rares et honorables exceptions, obéissant au mot d'ordre de meneurs qui exploitent ses passions socialistes et antireligieuses ; c'est l'appoint de la révolution. Quant aux classes laborieuses des campagnes, il faut avoir vécu parmi elles pour savoir à quel point elles sont peu aptes à comprendre même les questions les plus simples en matière politique. Elles sont habituées (ou on les a habituées) à croire que le gouvernement est payé pour tout faire marcher et puis que tout s'arrêterait si on ne disait pas oui et encore oui au gouvernement. Très-apte à choisir les conseils municipaux, les conseils généraux, l'électeur de la campagne ne sait plus que faire dès qu'on arrive aux élections générales, dès qu'il ne s'agit plus de choisir un homme qu'il connaît, à cause de son honnêteté, des capacités qu'il a montrées, mais de choisir entre deux candidats qui ne se recommandent à lui que par l'exposé de théories auxquelles il ne comprend rien. Que sera-ce donc pour le plébiscite, en présence d'une question complexe, quand l'électeur ne saura ni ce qu'est une constitution, ni ce qu'est la responsabilité ministérielle, ni ce qu'est le régime parlementaire ? Si on laissait les paysans tranquilles ils s'abstiendraient, et comme on ne les laissera pas tranquilles, ils iront porter un *oui,* dans la crainte des rouges.

Si l'on veut éviter à l'avenir, de semblables malheurs, il faut se mettre au plus vite à l'éducation politique des campagnes. Le moyen le plus efficace est certainement la présence des propriétaires du sol au milieu des paysans. S'ils savent, par leur affabilité et leurs bienfaits, se concilier la bienveillance de ceux-ci, ils acquièrent vite sur eux une grande influence, et par les conversations journalières, en ne laissant pas échapper une occasion de leur expliquer les principes et les faits on arriverait, au bout d'un certain temps, à inculquer quelques idées politiques aux habitants des campagnes. Les générations qui s'élèvent seraient ainsi bien plus capables d'exercer le suffrage direct, cette arme dangereuse lorsque celui qui a le bras n'a pas en même temps la tête. Maintenant que le paysan sait généralement lire, peut-être faudrait-il aussi qu'il eût sa littérature ; sans doute il n'est pas possible et il n'est guère désirable que le cultivateur ait chaque jour le journal en main, comme nous l'avons vu en Suisse : là, d'immenses pâturages et des habitudes de la plus grande simplicité font à l'homme des champs de nombreux loisirs. Dans notre pays de culture avancée, la terre demande tous les instants de son possesseur, mais le dimanche reste, et l'on aura accompli un immense progrès quand une presse hebdomadaire sera créée pour le paysan.

En résumé, il est certain qu'on a voulu faire un coup de théâtre et que la majorité des *oui* sera une majorité factice et inconsciente d'elle-même.

Cette raison serait suffisante pour faire repousser le principe des plébiscites. Il y en a d'autres non moins graves.

Par une singulière contradiction, en même temps qu'on propose au peuple l'adoption du régime parlementaire, on lui demande de consacrer le régime plébiscitaire qui en est la négation ; le premier essentiellement conservateur, le second éminemment révolutionnaire. Sous l'un, en effet, ce qui assure le maintien de l'ordre, c'est l'exacte pondération des pouvoirs ; la personne du souverain est étrangère aux luttes des partis, le gouvernement qu'on attaque, ce n'est pas lui ; les ministres ne peuvent marcher qu'appuyés sur la chambre ; celle-ci à son tour a sans cesse besoin de sentir derrière elle l'opinion publique, car l'appel au peuple n'est point fermé, il se pratique au moyen de la dissolution. Avec le régime plébiscitaire la personne du souverain est au contraire constamment mise en jeu : c'est entre lui et la chambre, entre lui et les ministres qu'on lui impose, que la nation est appelée à se prononcer ; la responsabilité ministérielle devient ainsi complétement illusoire. L'appel au peuple pratiqué dans cette forme donnera des résultats tout différents de la dissolution : dans ce dernier cas, en effet, les électeurs enverront à la chambre des hommes dévoués à l'Empire, des candidats officiels, si l'on veut ; mais ces hommes ne sont pas dénués de raison ; lorsqu'ils seront réunis, ils acquerront malgré tout une certaine indépendance, ils ne voudront pas s'avilir aux yeux de la postérité. Le peuple, lui, ne raisonne pas ; il se laisse emporter par un sentiment, et si ce sentiment est celui de la peur, comme en 1851, oh ! alors, il votera sa déchéance, son asservissement, tout ce qu'on voudra lui faire voter.

Le plébiscite ! ce peut être un instrument de règne, mais c'est un instrument terriblement dangereux. Nous qui le combattons, nous ne sommes point les ennemis de l'Empire ; nous ne sommes pas ses amis, parce qu'il nous importe peu, mais il représente un principe qui nous importe. Quoi ! l'Empire fait prêcher par ses fidèles une légitimité napoléonienne, et voici que dans huit jours, voici qu'à chaque instant la dynastie sera discutée et un vote interviendra sur son maintien ou son renversement ! Ah ! monsieur Rouher, cette idée était digne de M. Gambetta. Aussi, comme il était, fort le jeune et fougueux orateur, lorsque s'imposant à la chambre, étonnée de sa propre patience, il montrait l'avènement inévitable de la République dans un avenir prochain : lorsqu'un gouvernement se soumet périodiquement aux suffrages du pays, ce n'est plus une monarchie. Le dernier des Dupin en a tressailli dans sa poussière, et toutes ces vénérables illustrations, secouées dans leur léthargie comme par une secousse galvanique, sont venues tour à tour faire retentir la tribune de leurs imprécations contre la République.

Le plébiscite, c'est l'agitation continuelle ; par suite de

l'exagération des partis extrêmes, c'est la révolution en permanence. Par révolution, il faut entendre aussi bien le renversement par la démagogie du pouvoir qui la contient, que la confiscation par le pouvoir de la liberté qui le limite.

Pour l'avenir, le plébiscite est insoutenable; pour le présent, on a essayé de le justifier en s'appuyant sur la nécessité. Il est indispensable, dit-on, de recourir au peuple pour modifier ce que le peuple a établi. Hypocrites, vous savez bien que le peuple ne s'occupe guère de ce qu'il a fait jadis, et que, pourvu qu'on donne satisfaction à ses désirs, il ne s'inquiète point de la procédure, comme un huissier méticuleux qui craint une nullité pour un vice de forme. Ce qui est écrit dans la Constitution, que nous importe, pourvu que la pratique réponde à nos vœux. On a souvent cité l'exemple de l'Angleterre, dont la Constitution n'est pas écrite. Mais il n'est pas besoin de chercher hors de chez nous; comment avons-nous donc vécu sans cataclysmes ces temps derniers? car les bases plébiscitaires étaient déjà notablement ébranlées. On le reconnaît bien, puisqu'on nous demande de ratifier « les réformes libérales opérées dans la Constitution depuis 1860. » Elles ont cependant fonctionné, ces nouvelles institutions, quoique non ratifiées; nous avons vu le ministère *homogène* menacer de se retirer devant un vote de la chambre. Enfin, la responsabilité ministérielle a été expressément proclamée, sans que le peuple se soit plaint qu'on empiétait sur ses pouvoirs.

Le danger du plébiscite établi, sa puérilité et son inutilité démontrées, voyons quelle attitude nous devons prendre aujourd'hui, puisque nous sommes appelés au scrutin; voyons surtout quel moyen nous devons employer pour nous opposer au retour de semblables manœuvres.

L'Abstention.

Le plébiscite soumis au vote de la nation est ainsi conçu :
« Le peuple approuve les réformes libérales opérées dans
la Constitution depuis 1860 par l'Empereur, avec le con-
cours des grands corps de l'Etat, et ratifie le sénatus-consulte du 20 avril 1870. »

On nous avait promis une formule simple ! Sans doute,
on a confondu brièveté avec simplicité. Bons paysans, qui
ne savez pas ce que c'est qu'une *Constitution,* qui ne savez
pas ce qu'on entend par une *réforme libérale,* qui ignorez
le rôle des *grands corps de l'Etat,* qui n'avez pas suivi
jour par jour la marche des événements *depuis 1860,* qui
hier encore n'aviez pas entendu parler du *sénatus-consulte*
du 20 avril, vous avez quinze jours pour vous enquérir de
tout cela. Et puis, si par des efforts merveilleux d'intelli-
gence, vous arrivez à comprendre, vous comprendrez également qu'on vous demande de dire un seul *oui* ou un seul
non sur dix choses différentes, dont les unes sont bonnes,
les autres mauvaises. Aussi, dans leur gros bon sens, tous
ces braves gens découragés nous disent-ils : « Alors, il n'y
a qu'à rester chez soi. »

Non, ne restez pas chez vous, pas d'abstention !

Je crois pouvoir le répéter, l'abstention est une attitude
peu courageuse ; c'est l'attitude des gens qui tournent le
dos à un incendie, dans la crainte de gâter leurs habits ou
de se brûler les doigts ; c'est l'attitude de gens regardant
leurs frères se battre sans rien faire pour les séparer.
Jetons-nous bravement au milieu des coups, et si nous
attrapons quelques horions, nous n'aurons pas à en rougir.

Pour s'abstenir, il ne faudrait avoir ni intérêt personnel,
ni souci du bien public. En pratique, c'est bien le système
le plus commode : il faut toujours secouer une certaine pa-
resse d'esprit pour se mettre au courant de chaque question,

qui passe, pour l'étudier à fond, pour discuter en soi-même les raisons pour ou contre, enfin pour prendre une décision ; il faut faire le sacrifice de son repos, ne craindre ni l'insuccès, souvent probable, ni les haines certaines que l'on s'attire, si l'on veut, allant plus loin, se dévouer à la propagation de la vérité. Enfin, nouvelles fatigues, nouveaux tracas, nouvelles déceptions, lorsqu'on se lance dans la vie publique et le maniement des affaires, ennuis amplement compensés pour beaucoup par la satisfaction d'une noble ambition.

Tel doit être pourtant le rôle des classes éclairées : c'est à exercer partout leur influence, à faire partie de toutes les assemblées, à remplir toutes les places que doivent tendre les hommes bien pensants ; mais pour cela, il ne faut pas rester tranquille, il faut mettre de côté ses goûts de paix et se lancer dans la lutte, parler, écrire, agir, conseiller chaque électeur, les assembler, soit en réunion publique, soit en réunion privée, en un mot user de tous les moyens que nous laisse l'étroitesse de la loi.

Ah ! sur ce point, les hommes de désordre nous donnent bien l'exemple ! De combien de livres, de brochures, de journaux ils inondent les classes ouvrières ! comme ils ne les abandonnent pas un instant de peur que quelques-uns ne se soustraient à leur influence ! Aussi comme le parti du mal est organisé ! Comme les grèves éclatent tout à coup, sans motif apparent, sur un mot d'ordre ! Comme cette armée serait vite prête, un jour venant, à s'emparer du pouvoir et à nous plier sous sa loi, pendant que nous chercherions en vain à nous appeler, à nous entendre, à nous compter, à nous reconnaître !

On croit être bien sage, quand on a dit : « Je ne m'occupe pas de politique ! Ce sont les brouillons qui demandent sans cesse plus de liberté ; est-ce que je ne suis pas libre ? Qui m'empêche d'aller où je veux, de faire mes affaires comme je l'entends, de m'amuser à mon gré ? Que le gouvernement

soit personnel ou parlementaire, que m'importe ? Est-ce
que j'en dormirai ou que j'en mangerai moins bien ? » A ce
compte, le gouvernement purement autocratique est l'idéal
du gouvernement pour les hommes aimant la tranquillité.
Oui, mais laissez aller le temps : les budgets augmentent, les
emprunts s'accumulent, les impôts grossissent, le sang des
citoyens est prodigué sans profit, les autorités les plus res-
pectables s'avilissent dans une basse servilité et pendant ce
temps le peuple qui paraissait résigné, content même, le
peuple, cette force insaisissable en dehors des moments
d'explosion, s'est soulevé sourdement; les *rouges*, ces cro-
quemitaines des grands enfants, savent bien en profiter, et
vous vous vous éveillez au milieu d'une catastrophe.

Qu'est-il devenu, votre cher repos ? Où est votre liberté
de vaquer à vos affaires ? Et n'aurait-il pas mieux valu
prendre un peu de peine pour éviter tout ce mal ?

C'est l'abstention des honnêtes gens qui a permis à une
poignée d'hommes d'ensanglanter la France de leurs for-
faits, c'est l'abstention des honnêtes gens qui a permis à un
seul homme d'imposer au pays pendant dix-huit années
sa volonté tyrannique.

Après le coup d'Etat, l'abstention a une autre face : c'était
une question de dignité dans l'impossibilité de faire entendre sa voix au milieu des clameurs d'une masse affolée de
terreur, c'était aussi pour certains hommes attachés par
leurs traditions de famille au plus respectable des principes
une question de fidélité à leurs croyances. Depuis, ces
hommes ont compris qu'on ne sert aucune cause par l'in-
action ; nous ne croyons pas qu'il en soit resté prêchant
l'abstention aux dernières élections, beaucoup même, et l'on
doit les en féliciter, ont consenti à se mêler personnellement
aux affaires publiques.

Aujourd'hui le système de l'abstention semble rallier de
nouveaux partisans. On se dit que ne pouvant répondre ni
oui ni non, il faut bien s'abstenir ; d'autres voudraient que

l'abstention fût conseillée aux classes peu éclairées, ce parti étant plus facile à leur faire adopter.

Singulière raison ! Ce que l'on doit rechercher , ce n'est pas si un parti est plus facile à faire adopter , mais s'il est meilleur. Du reste, dans nos campagnes, devant les menaces et sous la pression de l'administration , il y en a bien peu qui oseraient s'abstenir, et si on ne donne pas aux électeurs un moyen de dire à la fois *oui* et *non*, on leur fera dire *oui*.

Ce moyen nous l'avons indiqué le 17 avril et nous avons eu la joie de voir se rallier à ce système les gens à l'opinion desquels nous tenions le plus.

Indiquer les raisons qui ne permettent pas d'apporter un vote affirmatif ou un vote négatif sera justifier le vote par *bulletin blanc*.

Un escamotage.

Le mot a été prononcé et trouvé dur par un ministre ; mais le public n'a pu s'empêcher de le trouver juste. Cela prouve que ce n'est pas la première fois que le ministère tente un escamotage.

Cette fois-ci le but est manifeste. On compte sur l'ignorance des électeurs, sur l'effroi de la révolution, sur la manière libérale dont on a posé la question. Il faut arriver par tous les moyens possibles à consolider l'Empire autoritaire qui s'en va de décrépitude : on sait bien qu'on ne retrouvera plus ces huit millions de suffrages qui saluaient sa brillante jeunesse et qu'il faudra les effacer du plafond de la salle du trône du Luxembourg ; mais, du moins, toutes les mesures sont prises pour avoir le moins de *non* possible. On compte sur les *oui* de tous les serviles et les naïfs, et quant aux indépendants, aux gens qui raisonnent, on espère bien que dans l'inpasse où ils se trouvent ils s'abstiendront.

En effet, il est bien difficile, pour ne pas dire impossible de prendre la responsabilité d'un *non*. Je laisse de côté l'hypothèse très-improbable où les *non* seraient en majorité, ce qui nous rejetterait sous la dictature si le gouvernement était assez fort pour éviter la révolution. Mais il est indiscutable que le sénatus-consulte contient de bonnes choses ; la responsabilité ministérielle, la publicité des séances des chambres, la faculté laissée au pouvoir législatif de régler le mode de nomination des maires (malgré les déclarations verbales fort peu rassurantes de M. le garde des sceaux), la possibilité pour ce même pouvoir de modifier les bases si défectueuses des circonscriptions électorales, d'augmenter le nombre des députés, en un mot les éléments principaux d'un gouvernement parlementaire.

Si nous ne voulons pas dire *non,* dirons-nous *oui* cependant ? Nous ne le pouvons pas. Il eût été si simple, avec un peu de bonne foi (si l'on voulait à toute force la sanction du peuple) de faire voter séparément sur chaque article. Nous eussions dit *oui* sur tous les points que nous venons d'énumérer. Et quand on nous eût demandé : « Voulez-vous que l'empereur continue à nommer les sénateurs à son choix ? » nous aurions répondu : *Non,* nous ne voulons plus d'un système désormais condamné par ses effets, nous ne voulons plus de cette assemblée de vieux généraux, fort glorieux sans doute, mais le plus souvent très-incapables en affaires et trop habitués au *régime du sabre,* de vieux juristes imbus des vieilles idées de nos parlements et qui appellent *libertés gallicanes* l'abaissement de l'Eglise sous le pouvoir civil, de députés à la retraite qui ont trouvé là la récompense de leurs services quand, trop déconsidérés dans l'opinion publique ils n'ont plus été en état de servir comme candidats officiels ; nous ne voulons plus de cette assemblée décrépite qui fait rire le pays et à qui la publicité de ses séances n'a pas rendu un peu de vie. Que nous importe que l'on veuille créer des catégories pour limiter le choix du souverain ; ces catégories ont déjà été observées en fait et il paraît qu'il est possible d'y trouver des ganaches. Non, si vous ne pouvez avoir une aristocratie véritable formant une seconde chambre à qui l'hérédité du titre donne des garanties d'indépendance, il est impossible, dans l'état actuel de nos mœurs, d'avoir une assemblée délibérante qui ne soit pas élective.

Quand on nous demanderait : «Voulez-vous maintenir l'interdiction du scrutin de liste pour la nomination des députés? » Nous répondrions : Nous ne voulons rien, nous ne sommes pas législateurs, mais nous voulons que le législateur ait toute liberté sur la loi électorale, qu'il étudie la question et que ce soit à la loi de décider s'il y aurait plus d'avantage à adopter le scrutin de liste, l'élection à plusieurs degrés ou tout autre mode qui semblerait préférable.

Quand on nous demanderait : « Voulez-vous laisser à l'empereur seul le droit de déclarer la guerre et de faire les traités de paix? » Nous répondrions : *Non,* nous ne voulons pas laisser aux mains d'un seul le droit de disposer de l'honneur de notre pays, du sang de nos enfants.

Enfin quand on nous demanderait : « Voulez-vous donner à l'empereur le droit de faire appel au peuple ? » Nous répondrions : *Non* encore. Nous sommes las des révolutions; nous voulons inaugurer une ère de paix et de prospérité, et pour cela nous avons confiance dans le régime parlementaire, sérieusement compris et pratiqué ; vous venez de nous faire voter le régime parlementaire; pourquoi nous proposer maintenant d'adopter un principe qui en est la négation ?

Nous avions donc raison de dire tout à l'heure : « On a voulu nous placer dans une impasse, nous que les hypocrites de liberté redoutent le plus, entre un *oui* et un *non* également impossibles. »

Comment sortir de cette impasse ?

Certaines gens ont proposé le *vote motivé,* et à première vue ce système pourrait paraître acceptable. Il aurait en effet l'avantage d'indiquer catégoriquement ce que l'on accepte et ce que l'on repousse dans le sénatus-consulte, mais la grande difficulté est d'arriver à une entente, cette entente si nécessaire pour que la protestation soit imposante. Chacun voudra sa formule et la trouvera meilleure que les autres. N'en a-t-on pas déjà proposé plus de cinquante ? Le seul mode complet serait d'énumérer chaque article et de dire *oui* ou *non* séparément, mais quelle difficulté d'exécution !

Et puis, quel serait le résultat de toute la peine qu'on se serait donnée ? Est-ce qu'il serait fait un relevé de tous les votes avec leurs motifs ? Non certes, ces votes seraient tout simplement annulés et il n'en serait plus question ; il serait bien plus simple alors de s'abstenir.

Le véritable moyen de nous tirer de là avec les honneurs de la guerre, de donner une leçon au gouvernement en lui montrant que l'esprit politique n'est pas mort en France, comme il semble le croire, c'est de déposer dans l'urne un *bulletin blanc !*

LE BULLETIN BLANC !

Ce sera un drapeau, drapeau assez large pour abriter sous ses plis des hommes d'opinions les plus diverses, tous les hommes d'ordre et de liberté.

Car ce drapeau signifiera : *ni réaction, ni révolution !*

Les *bulletins blancs* seront comptés. Ils seront opposés aux *oui* et aux *non*, on saura qu'ils signifient : « Nous acceptons ce qui est bon dans le sénatus-consulte, mais nous repoussons ce qui est mauvais. NOUS SOMMES POUR LE RÉGIME PARLEMENTAIRE ET NON POUR LE RÉGIME PLÉBISCITAIRE. »

Il suffit de s'entendre, et pourquoi ne s'entendrait-on pas ?

C'est au grand parti *conservateur et libéral* que je m'adresse, c'est aux 3 millions d'électeurs qui l'an passé ont voté contre les candidats officiels !

Nantes, imp. Vincent Forest et Emile Grimaud.